Editions France Delory

ISBN : 2-913713-05-X – Dépôt légal : à parution - *Registration of copyright: at publication*

Photogravure - *Photoengraving* : Big Mak, Boulogne-Billancourt (France)
Impression - *Printing :* Digital Offset, Boulogne-Billancourt (France)

Direction artistique - *Artistic direction* : Olivier M. Palade
Réalisation - *Production* : Céline Marie, Paris (France)

Crédits photographiques - *Credits :* p. 6 Kleinefenn Moatti, p. 9 C. Leiber.

l'Opéra de Paris

Vu par Olivier M. Palade
A vision by Olivier M. Palade

Préface de Hugues R. Gall
Preface by Hugues R. Gall

Texte d'introduction de Jacqueline Grapin
Introduction by Jacqueline Grapin

Les corps de métier, une tradition
A tradition of French arts and crafts

Dédié à ma femme, Claire.
For my wife, Claire.

Hugues R. Gall
Directeur de l'Opéra
national de Paris.
*Chairman of
the Paris Operas.*

Préface

D'un même trait de plume, Louis XIV créa voici trois siècles l'Académie Royale de Musique et ses Ateliers.

Depuis, les Ateliers de fabrication de décors et de costumes de l'Opéra créent l'environnement des spectacles lyriques et chorégraphiques. Décors, accessoires, costumes apparaissent et disparaissent au gré de la programmation.

Les Ateliers ne sont ni anciens ni modernes. Les artisans d'art qui les composent travaillent tous les matériaux, le bronze ou le polystyrène, la soie ou le nylon. Leurs techniques sont ancestrales et relèvent de la technologie la plus pointue ; chaque spectacle est un prototype dont l'esthétique doit être servie au plus près des conceptions du décorateur et du costumier.

Dans des lieux construits au XIXe siècle, la petite galerie de bois de chêne des ateliers de costumes bâtie par Charles Garnier à l'Opéra, ou les ateliers de décors du Boulevard Berthier pour lesquels Garnier s'associa cette fois à Gustave Eiffel, comme dans ceux construits à la fin de notre siècle, les vastes et lumineux ateliers de l'Opéra Bastille, se prépare le mystère.

Dans ce mélange d'appétit d'invention et de goût de la perfection se glisse toujours un élément de folie. L'Opéra est démesure, si les budgets y sont serrés, l'imagination est libre, sous tutelle des contraintes multiples auxquelles le spectacle doit répondre.

Les artisans du rêve nous sont mal connus. Au contraire des artistes, ils n'écrivent pas de mémoires, ne donnent pas d'interviews, ils ne gravent pas de disques et ne font pas de films. Mais leurs réalisations laissent une trace durable dans les souvenirs des spectateurs. Ainsi, sous une forêt de tulle peint, associées à jamais, la voix de Maria Callas dans « Norma » et sa svelte silhouette habillée d'une robe de crêpe blanc, drapée dans un manteau de velours rouge brodé d'argent, couronnée d'or.

Tous ceux qui eurent le privilège de la voir et de l'entendre en gardent précieusement le souvenir. Beaucoup d'autres, en regardant les images de ce qu'ils n'ont pas connu sont habités par le rêve.

Je souhaite qu'il en soit ainsi pour ces photographies, hommage aux Ateliers de l'Opéra, traces sensibles d'un monde caché aux multiples aspects dont une seule facette se révèle au feu des projecteurs.

Hugues R. Gall

Preface

Three centuries ago, with a single stroke of his pen, Louis XIV created the French Royal Academy of Music and its workshops. Since then, the workshops which produce sceneries and costumes for the Paris Opera have surrounded lyrical and choreographic productions. Scenery, props, and costumes appear and disappear according to the program.

The workshops are neither archaic nor modern. Their craftsmen handle all materials, from bronze to polyester, from silk to nylon. Their techniques are ancestral and also cutting edge technology. Each performance is a prototype, the aesthetics of which is defined by the decorator and the costume designer.

In the small oak gallery of the costume workshops designed in the 19th century by Charles Garnier at the Opera, and in the scenery workshops on Boulevard Berthier which Charles Garnier designed with Gustave Eiffel, as well as in the vast and luminous workshops of our modern Opera Bastille, the Opera mystery reigns.

There is always a hint of madness in this mixture of appetite for invention and thirst for perfection which you will find there. Opera is grandiose by nature, and even though budgets are always tight, imagination remains free, albeit within the framework of the many requirements of the performance.

The craftsmen of our dreams are not well-known. As opposed to artists, they do not write books, they do not give interviews, record albums or do films. But their work leaves an enduring impression in the spectators' memories. A forest of painted tulle will always be associated with the voice of Maria Callas in Norma, and with her slender figure clothed in a white crepe dress, draped in a red, velvet coat, embroidered with silver, crowned with gold.

Those of us who have had the privilege to see her and hear her voice treasure this memory. Many others, having seen the pictures of what they did not experience, cannot help but be captivated by a dream.

It is my hope that such will be the effect of these photographs, which pay tribute to the Arts and Crafts of the Paris Opera as they offer delicate traces of a multifaceted, hidden world, which reveals itself to the spotlight.

Hugues R. Gall

Où l'art se cache

L'art est parfois là où on ne l'attend pas. A l'envers du décor. Là où les reflets de la gloire scintillent sur les paillettes des trousses de maquillage, sur les soies des costumes et les couleurs de ces peintures géantes qui deviendront l'écrin du spectacle. Là s'allument et s'éteignent les lampes de l'illusion dont le halo enveloppera des chants d'amours et de haine que les instruments de musique dûment accordés et la voix des chanteurs à l'extrême du travail achèveront de transformer en rêve. C'est cet effort collectif qui nous fait tous courir au spectacle indicible de l'Opéra, l'une de ces performances humaines auxquelles s'applique si bien le mot selon lequel l'art demande un peu d'inspiration, et beaucoup de transpiration.

Pour percevoir ces formes, ces couleurs, et ces vibrations de toutes sortes dans l'activité quasi initiatique des métiers de l'Opéra, il fallait un certain regard : celui d'Olivier M. Palade prolongé par ses objectifs, eux-mêmes réglés comme du papier à musique. C'est une vague d'inspiration qui ressort de son voyage au pays des traditions artisanales de l'Opéra de Paris, dans cet univers mystérieux produit par des siècles de transmission orale, où se perpétuent des trésors de recherche moderne.

Qu'on ne s'y trompe pas. Il y a dans cette immanence quelque chose d'éphémère. Au siècle de la gestion rationnelle des entreprises, la tentation est grande, pour les directeurs de théâtres lyriques, de sacrifier sur l'autel de la rentabilité ces métiers de luxe en « sous-traitant » toujours davantage des pans entiers des commandes relatives aux spectacles. Nul doute que les couturiers de la ville seront trop heureux de se faire les costumiers d'un soir. Et les peintres du jour ne refuseront pas l'honneur de signer un décor nouveau. Certes ils le feront bien. Leur créativité est précieuse, mais à la condition que survivent aussi certains ateliers traditionnels. Car si ses métiers venaient à disparaître, que deviendrait l'Opéra ?

Les amateurs savent bien qu'il s'agit d'un spectacle total, vivant. Ne faites pas comme moi, n'habituez pas vos enfants trop tôt à se rendre à l'Opéra. Ensuite au concert, ils vous demanderont : « Mais où est l'histoire ? ».

Au théâtre ils vous diront : « Mais où est la musique ? » Ils réclameront les décors, les costumes, les fausses fumées, et jusqu'aux odeurs... Et même s'ils finissent par aimer le cinéma, ils le rangeront toujours dans la catégorie des lanternes magiques, hors la vie. Si l'Opéra est ce qu'il est, c'est parce qu'il est tout cela, avec un zeste de corrida lorsqu'à l'approche du contre-ut les spectateurs s'apprêtent à mettre la cantatrice à mort.

L'un des mérites de Hughes R. Gall est d'avoir mis à profit la responsabilité de direction qui lui a été confiée pour consentir un effort particulier afin d'assurer la survie de ces métiers traditionnels de l'Opéra qui font partie de son existence même. L'art de la gestion, c'est aussi celui de la synergie, ce miracle par lequel un et un font plus que deux. Si les spectacles d'ensemble sont si beaux, c'est parce que la mise en commun du meilleur dans tous les métiers opère un miracle que les spécialités ne peuvent combiner séparément. En préservant la communauté de leurs corps de métier, les Opéras de Paris jouent un grand rôle, celui d'un conservatoire dévoué à l'innovation. L'héritage y sert la création.

Le Japon honore ses plus grands artisans-artistes qu'il qualifie de « Trésors Vivants ». Et même si nul ne veut savoir combien de trésors vivants se trouvent à l'envers de ses décors, chacun sait que l'Opéra de Paris est l'un des joyaux du patrimoine multidisciplinaire français. C'est en hommage à ceux qui le soutiennent, et le défendent, que ce livre a été conçu. Car, qu'on se le dise, il n'y a guère de chômeurs chez les artisans et compagnons formés à ces écoles. Et puisque le langage de la tradition et de la création est international, il sert le rayonnement de la France dans le monde. Enfin, et surtout, ces images et leurs reflets sont l'écume de notre plaisir.

Jacqueline Grapin

Jacqueline Grapin
President,
The European Institute,
Washington, DC.

11

Where art hides itself

Art is often hidden where nobody expects it. Behind the scenes. It is hidden where reflections of glory twinkle on the sequined cases of makeup, on the silk of costumes, on the colors of giant paintings which turn into scenery around the performance. Art is hidden where the lights of illusion flicker on and off, their halo enveloping songs of love and hatred tuned to the musical instruments and the voices which rise to the extreme at the very moment when a one night's dream comes to reality. It is this comprehensive effort of many people which drives us to the Opera, and confirms the old saying according to which art demands at least as much perspiration as inspiration.

To perceive these beautiful forms, extraordinary colors, movements and vibrations of all sorts in the quasi-religious surroundings of the Arts and Crafts of the Paris Opera, an artistic vision was necessary. Olivier M. Palade combines it with an outstanding use of photographic techniques. It is a surge of beauty which emerges from his journey of one year to the land of artisan traditions in the most mysterious quarters of the Paris Opera. In this exciting universe which results from centuries of oral transmissions, old national treasures remain protected while creativity and modern research permanently generate new life.

But one should not ignore that there is something highly vulnerable in this miracle. In times of "modern management" dominated by accounting rationality nothing is more tempting for the head of a lyrical theater than to sacrifice the luxuries of these behind the scenes arts and crafts on the altar of profitability. Outsourcing parts of the work involved in the performance becomes the rule rather than the exception. In Paris the world of Haute Couture always makes itself available to design theater costumes. And the most renowned painters do not refuse the honor of having their byline associated with new sceneries. For sure they can do wonderfully. But if they take over, what will then become of the Opera, its Arts and its Crafts?

Opera lovers know that a performance is in essence a comprehensive combination of many specialties. You will have to admit it if you make the same mistake I did by getting your children in the habit of going to the Opera too early. Afterwards, at a concert, they will ask you, "But where is the story?" At the theater, they will tell you, "But where is the music?" They will demand the scenery, the costumes, the artificial smoke and even the smells… And even if they end up liking the cinema, they will always classify it in the category of magical lanterns, out of life. Opera is what it is because it is all of this, with a dash of "corrida", when you hold your breath as the diva reaches close to the "contre-ut" and you know that the spectators around you are ready to let her die if she fails.

Contrary to what might have been expected, Hugues Gall took advantage of his leadership of the Paris Opera to courageously ensure the survival of its traditional Arts and Crafts, thus protecting what is part of its very existence. The art of management is also an art of synergy, by which one and one may make more than two. One must recognize that the specificity and the beauty of opera performances come from the fact that in combining the best of all specialties they produce a miracle that none of the specialities alone can produce separately. By protecting the community of its tradition, the Paris Opera plays an important role, as a conservatory devoted to innovation. As creation comes out of tradition, the legacy of the past serves the future.

As Japan honors its greatest craftsmen as "Living Treasures," everyone around the Paris Opera knows that behind the scenes are some of the jewels of the French heritage. The goal of this book is to pay tribute to those who sustain and defend this tradition. For there are no unemployed among artisans and their disciples formed there. They are the lords of their professions. And as tradition and creation are international languages, they connect France with the rest of the world. Finally, and above all, looking at these images is reflecting on the essence of our pleasure.

Jacqueline Grapin

13

TURANDOT

TRISTAN & ISEULT

GISÈLE

TURANDOT

TRISTAN & ISEULT

GISÈLE

Makeup workshop

Atelier de maquillage

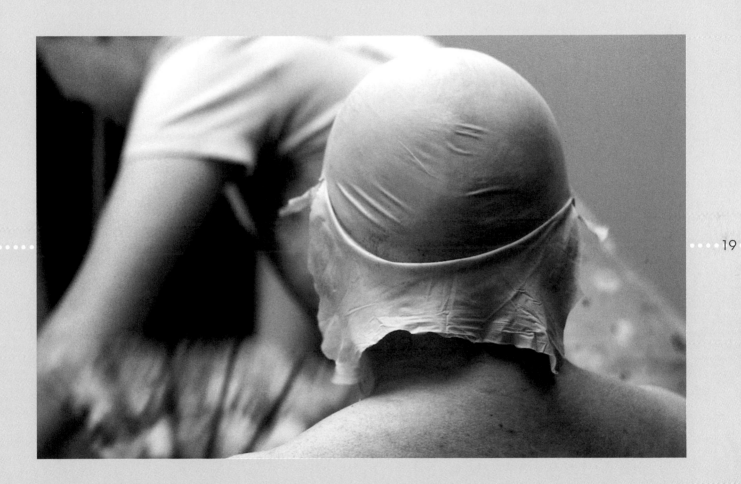

Pose de faux crânes en latex.
Putting on the latex heads.

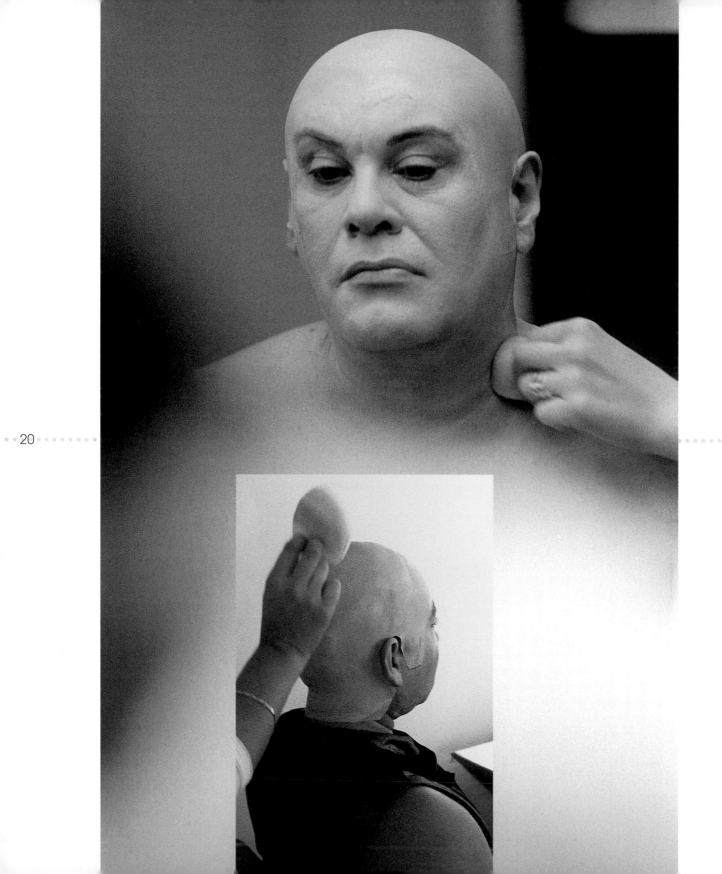

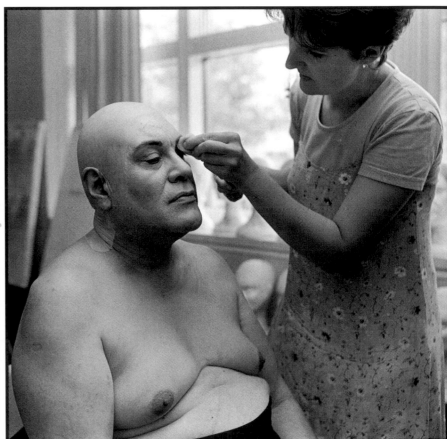

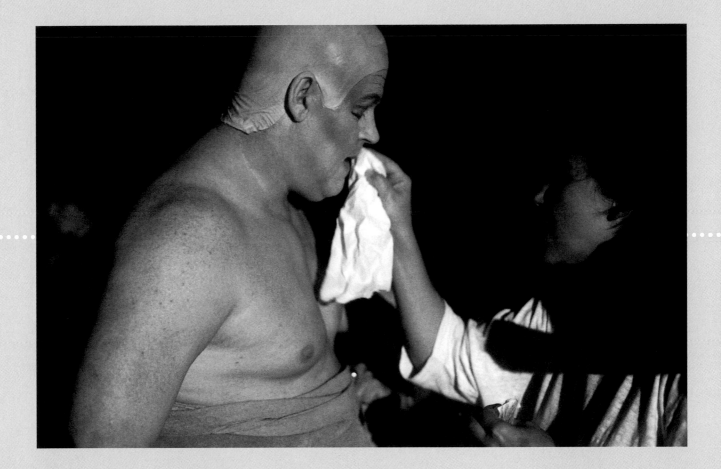

Les coulisses en arrière scène :
Changement de tenue et de maquillage.
Behind the scenes backstage:
Changing the dress and makeup.

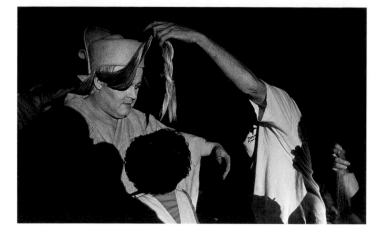

Tels les stands de ravitaillement,
les changements se font
en quelques secondes.
Like the pit-stop on the racetrack,
the changes are made
in a few seconds.

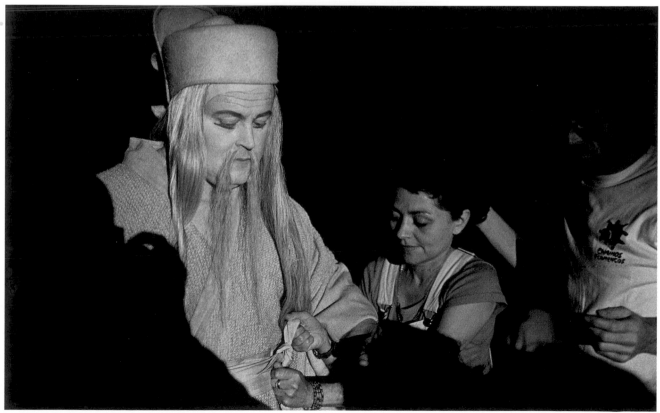

Pendant ce temps,
une autre équipe de maquillage œuvre plus sereinement.
During this time,
another makeup team labors more serenely.

Hairdressing workshop

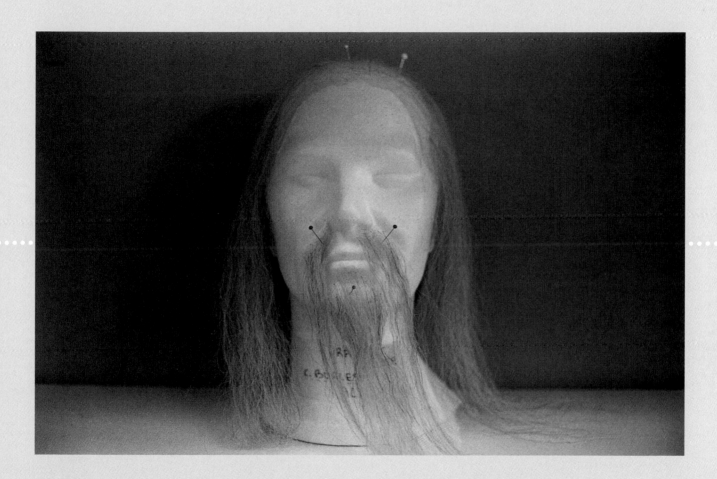

Cheveu par cheveu, les perruques prennent formes.
Strand by strand, the wigs are shaped.

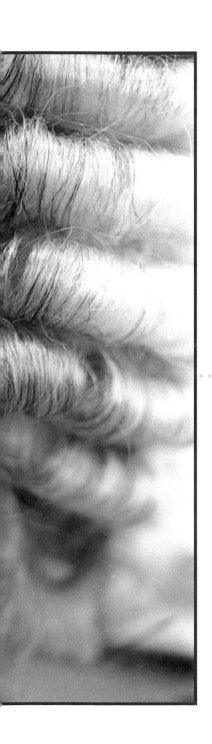

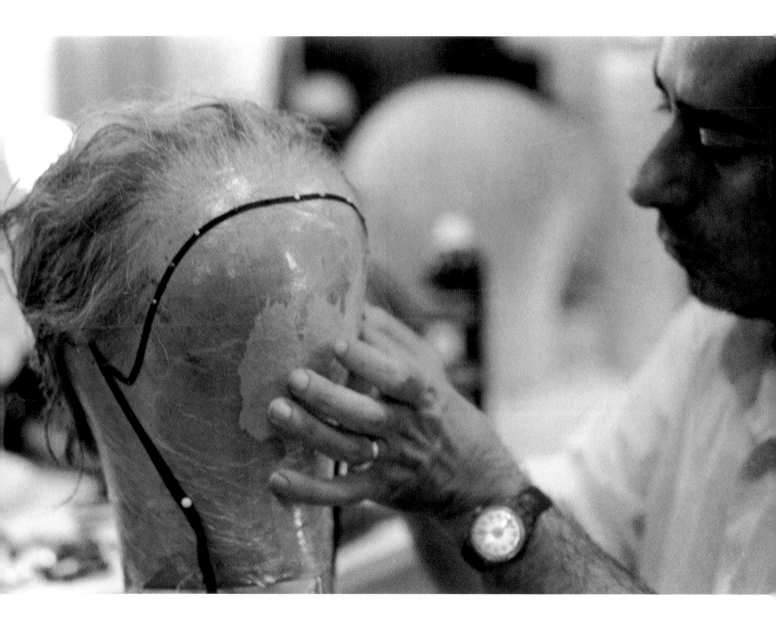

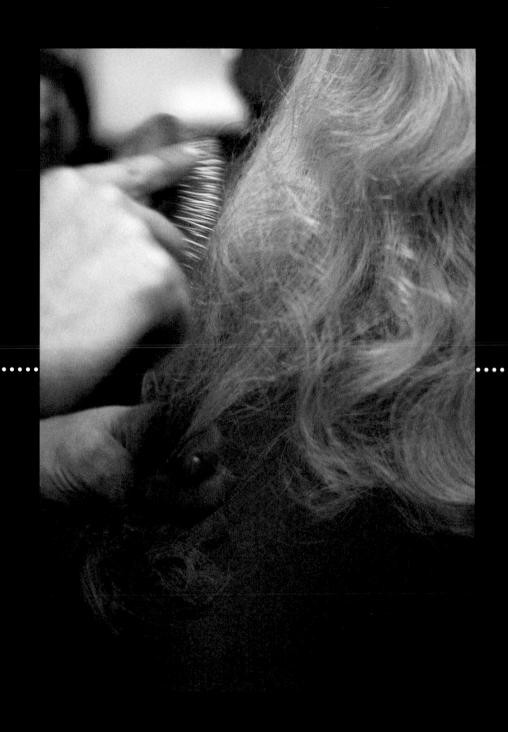

Backstage

Les coulisses

The performance

La représentation

Turandot, Opéra Bastille

TURANDOT

TRISTAN & ISEULT

GISÈLE

Scenery workshop

Atelier de décors

Atelier de peinture à l'Opéra Bastille.
Painting workshop at the Opéra Bastille.

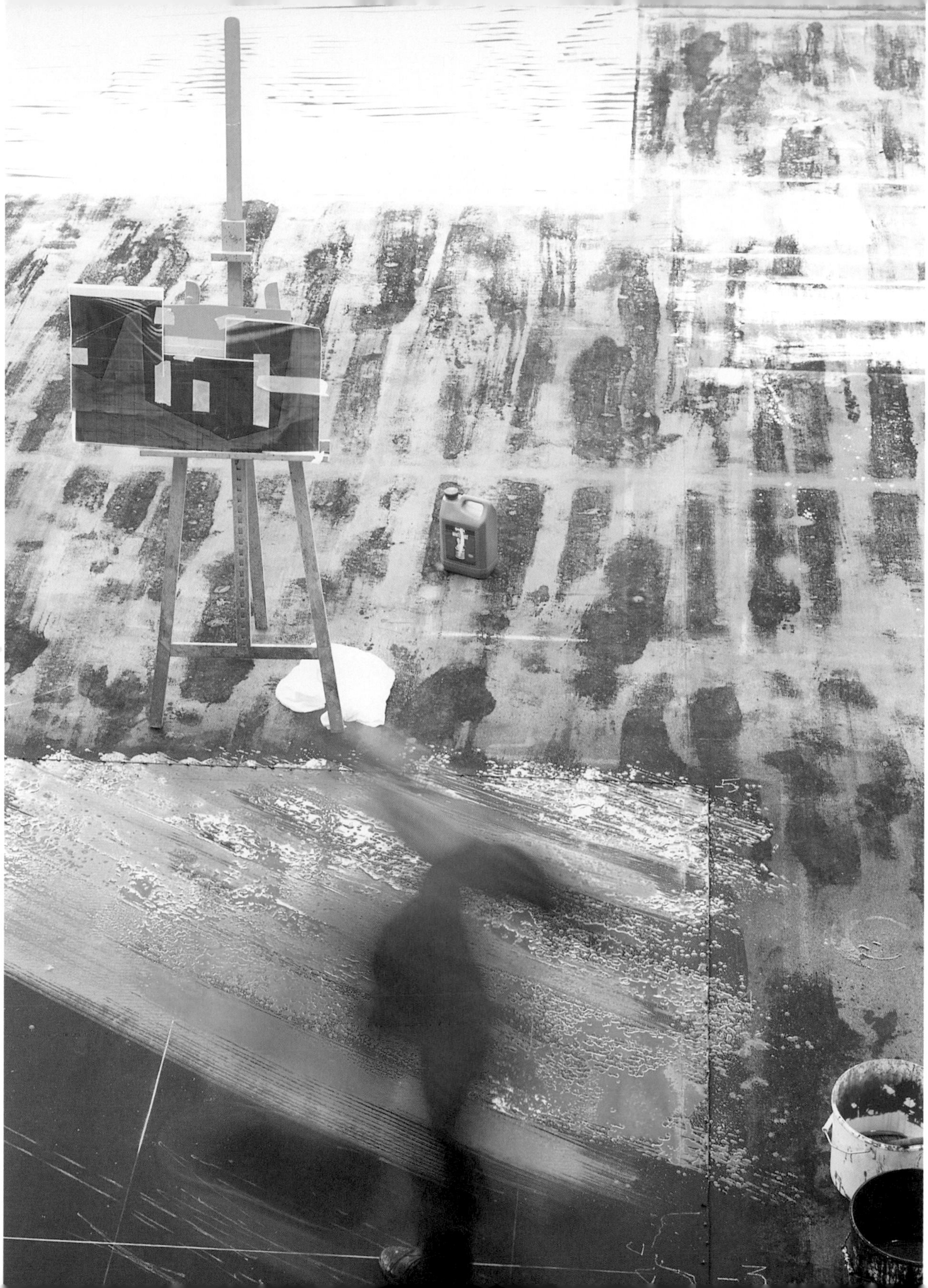

Atelier de peinture du Boulevard Berthier à Paris.
Décors de "La Symphonie Fantastique" pour le Palais Garnier.
Painting workshop on Boulevard Berthier in Paris
Scenery of "La Symphonie Fantastique" for the Palais Garnier.

Le responsable des décors pour l'Opéra Bastille et pour le Palais Garnier, Michel Dalens, fait ses remarques sur d'éventuelles retouches de couleurs à la réalisatrice du décor de "La Symphonie Fantastique" Nous sommes à une dizaine de mètres du sol et je suis suspendu à l'échaffaudage pour réaliser ces photographies !

The head of scenery for the Opéra Bastille and the Palais Garnier, Michel Dalens, makes suggestion for possible color touch-ups to the scenery director of "La Symphonie Fantastique". We are ten meters above the floor and I was suspended from the scaffolding in order to take these pictures !

Tout est grandiose, les pinceaux
deviennent des balais,
les pots de peinture des citernes...
Everything is grandiose,
the paintbrushes become broomsticks,
the pots of paint, cisterns...

..."La Symphonie Fantastique" a commencé,
du haut de mon échaffaudage,
je contemple déjà ce ballet de balais !
..."La Symphonie Fantastique" has begun,
from the height of the scaffolding, i am already
gazing upon this ballet of broomsticks !

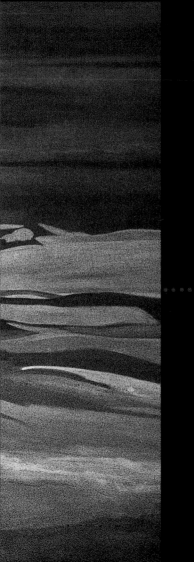

Carpentry workshop

Atelier de menuiserie

Fabrication de décors pour "La Traviata" à l'Opéra Bastille.
Creating the scenery for "La Traviata" at the Opéra Bastille.

The scenery behind the scenes

Les décors en coulisses

Changement des décors pendant la représentation.
Changing the scenery during the performance.

Backstage

Pendant la représentation de "Tristan et Iseult".
During the performance of "Tristan and Iseult".

The performance

La représentation

Tristan et Iseult, Opéra Bastille.

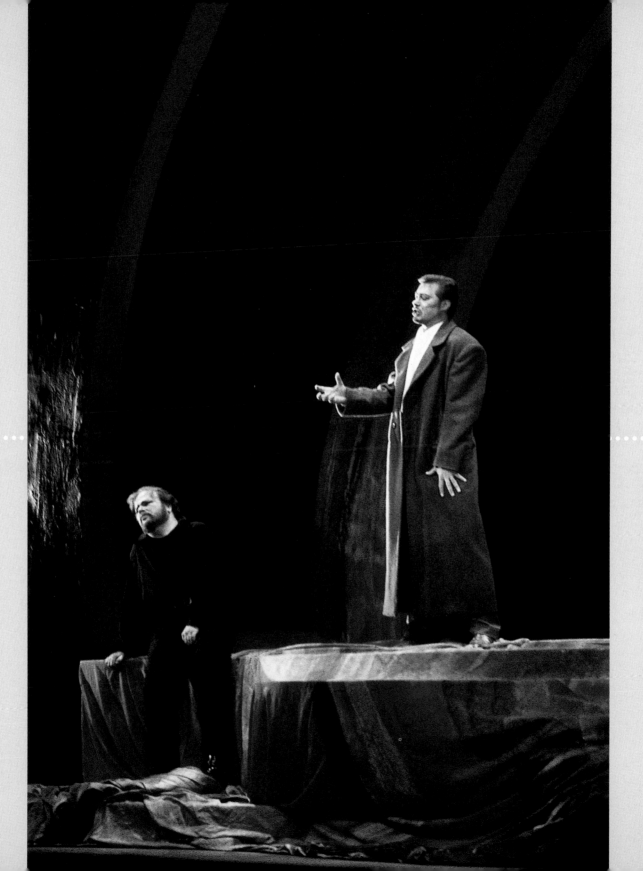

TURANDOT

TRISTAN & ISEULT

GISÈLE

Costume workshop

Atelier du flou du Palais Garnier.
Dress workshop at the Palais Garnier.

Costume design

Dessins et échantillonages de tissus
pour "La Veuve Joyeuse" à l'Opéra Bastille.
*Designs and fabric samples
for "La Veuve Joyeuse" at the Opéra Bastille.*

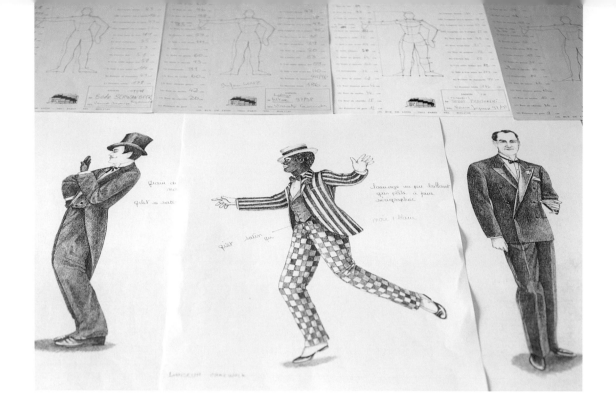

The "Central" of Garnier

Le Central de Garnier

Les costumes sont centralisés et précieusement gardés par Madame
Annette Cavalli dans une superbe pièce tout en bois, appelée aussi le Musée.
*The costumes are housed and preciously guarded by Madame
Annette Cavalli in a superb room, all in wood, also known as the Museum.*

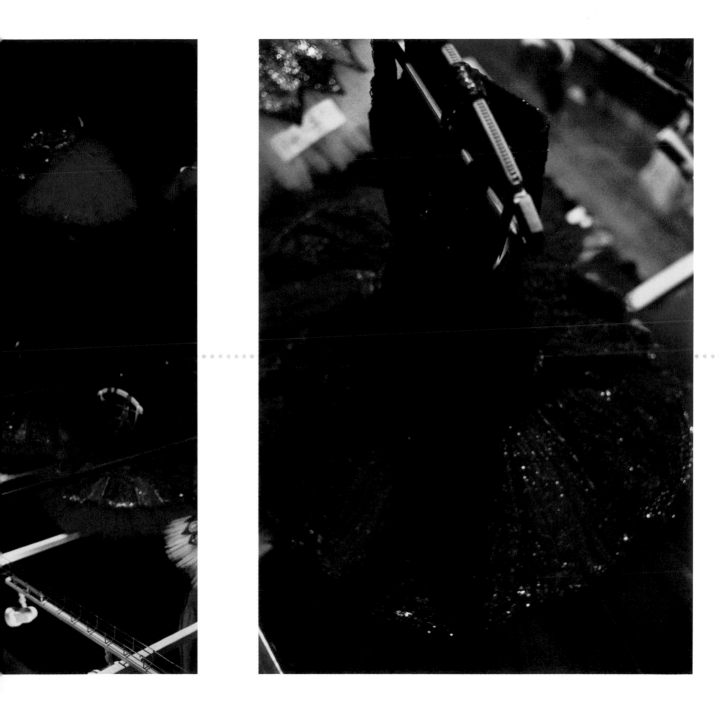

Costume accessories

Accessoires des costumes

Avec une minutie d'horloger, Michel Ronvaux, responsable de l'atelier,
et son équipe réalisent les ornements et les parrures d'un soir.
With the precision of a watchmaker, Michel Ronvaux,
head of the workshops and his team create the ornaments
and jewels for the evening.

Dye and gild workshop

Atelier de teinture et de dorure

The performance

Gisèle, Palais Garnier.

Je remercie les membres du personnel de l'Opéra Bastille,
du Palais Garnier et des ateliers du Boulevard Berthier,
qui m'ont accueilli chaleureusement.
I would like to thank the personnel of the Opéra Bastille and
the Palais Garnier, and the workshops of Boulevard Berthier,
who welcomed me so warmly.

Je remercie Monsieur Hugues R. Gall de m'avoir accordé
une autorisation d'un an pour réaliser ces photographies.
I would like to thank Mr. Hugues R. Gall, for having granted me
authorization for one year to take these photographs.

Je remercie les sociétés suivantes :
I would like to thank the following companies:

Fuji Film France, Monsieur Alain Basset
pour le prêt de matériel et pour les films.
for the use of their equipment and film.

Tetenal France, Monsieur Pascal Lamouret
pour le merveilleux papier noir et blanc Vario Baryt sur lequel
tous les tirages noir et blanc de ce livre ont été réalisés.
for the wonderful black and white Vario Baryt paper, on which
all of the black and white prints were made.

Semelec, Monsieur Patrick Lelong
pour le prêt de matériel Bronica.
for the use of the Bronica equipment.

Je tiens à remercier tout particulièrement le Professeur Michel Le Goc
et son épouse Madame Jacqueline Grapin,
qui m'ont aidé dans les démarches de ce projet.
In particular, I wish to thank Professor Michel Le Goc
and his wife Mrs. Jacqueline Grapin,
for their support throughout the course of this project.

176

Olivier M. Palade